Ursula Geier

Was Katzen wirklich mögen
und was nicht

Kater Samy packt aus

Die Autorin Ursula Geier lebt heute in Baden-Württemberg, Bayern und Spanien. Sie arbeitete bereits für eine Zeitung sowie für ein Magazin und schrieb mehrer Bücher.

Bereits erschienene Titel bei Books on Demand sind:

Wie Rex und Cimba unseren Traum von Mallorca erlebten (2008)
Übers Meer und Querfeldein (2009)
Der freche Fritz im Vogelhaus (2009)

FÜR MEINE GELIEBTEN ENKEL ANNA, MARITA UND JULIE

Bibliographische Informationen der Deutschen Bibliothek:
Die Deutsche Bibliothek verzeichnet diese Publikation in der Deutschen Nationalbibliographie; detaillierte bibliographische Daten sind im Internet über http://dnb.ddb.de abrufbar.

© September 2014 – Ursula Geier

Herstellung und Verlag:
BoD - Books on Demand, Norderstedt
Printed in Germany

Titelfoto: Anna A.

ISBN: 9783738600063

INHALTESVERZEICHNIS

1.) Ich bin der Samy… S. 17-20
2.) Meine eigene Türe S. 21-24
3.) Und wo schlafe ich jetzt? S. 25-29
4.) Besuch von einem nervigen… S. 30-34
5.) Mein neuer Name ist Diabolo S. 35-40
6.) Der mit den großen Händen S. 41-46
7.) Eigentlich bin ich ja der Walter S. 47-48
8.) Scheinbar habe ich schlechte… S. 49-52
9.) Ich mache Randale S. 53-56
10.) Ich und das Pferdle S. 57-61
11.) Die Gitterhöhle und ich S. 62-67
12.) Hau ab, du Biest S. 68-71
13.) Ich wollte hoch hinaus S. 72-78
14.) Das Katzenklappenspiel S. 79-82
15.) Ich bin ein Besuchskater S. 83-86
16.) Und was ist ein Blumentop… S. 87-89
17.) Aufregung um mich S. 90-93

18.) Ausgesperrt – Was mache… S. 94-97
19.) Sie mag meine Geschenke S. 98-101
20.) Das Katzenbuchstudium S. 102-105
21.) Jetzt ist es raus S. 106-108
22.) Ich habe manches Mal… S. 109-111
23.) Ich beiße doch aus Liebe S. 112-114
24.) Knurren kann ich auch S. 115-117
25.) Ich bin der Klügste S. 118-121
26.) Ich bin ein kleiner Sau… S. 122-125
27.) Ekelhafte Spinnentiere S. 126-128
28.) So viel Arznei S. 129-131
29.) Ich habe eine Patentante S. 132-134
30.) Hilfe ich bin eingesperrt S. 135-137
31.) Schon wieder Tinkturen S. 138-140
32.) Ich liebe Wasserpfützen S. 141-143
33.) Ich bin ein Schmusebärchen S. 144-146
34.) Ich mag kein Katzengras S. 147-149
35.) Heute kommt Rusty S. 150-152

**ENDLICH HABE ICH EIN NEUES
ZU HAUSE GEFUNDEN
UND
WEIL ICH SO GLÜCKLICH DA-
RÜBER BIN
MÖCHTE ICH EUCH MEINE
GESCHICHTE ERZÄHLEN.**

ICH BIN EIN MISCHLINGSKATER.
EIN TEIL VON MIR IST EIN KARTHÄUSER DER ANDERE TEIL EINE GANZ NORMALE HAUSKATZE
ALS ICH MEINE AUGEN ÖFFNETE WAR ICH AUF EINEM FRIEDHOF UND LAG
DORT SCHWER VERLETZT, ANSCHEINEND WAR ICH VON EINEM ANDEREN TIER VERMUTLICH EINEM MARDER GEBISSEN WORDEN.

ICH WURDE INS TIERHEIM GEBRACHT UND DORT OPERIERT.
NACH DIESER SCHWIERIGEN OPERATION BIN ICH GEPFLEGT WORDEN UND DURFTE DANN ZU MEINER ERSTEN KATZENMUTTER.
SIE HATTE EIN HAUS MIT EINEM GARTEN UND ICH KONNTE MICH FREI BEWEGEN, WAS MIR SEHR GUT GEFALLEN HAT.
EIGENTLICH WOLLTE ICH BEI IHR BLEIBEN, ABER DIE BEIDEN ÄLTEREN KATZENMÄDCHEN, DIE SIE HATTE WAREN

EIFERSÜCHTIG AUF MICH UND DESWEGEN BEKAM ICH EINE NEUE FAMILIE.
MEIN NEUES FRAUCHCHEN UND MEIN NEUES HERRCHEN WAREN AUCH GANZ LIEB ZU MIR UND ICH GEWÖHNTE MICH SCHNELL DORT EIN.
WAS ICH GANZ TOLL FAND, DASS MEINE ERSTE KATZEN-MUTTER MICH IMMER NOCH BESUCHEN KAM UND SPÄTER SOGAR MEINE PATENTANTE WURDE.
AUCH HIER HABE ICH EINEN SCHÖNEN GARTEN UND FAND VIELE FREUNDE VON DENEN

ICH EUCH IN DIESEM, MEINEM, BUCH ERZÄHLEN WERDE.

ICH BIN FROH, DASS ES SO SCHÖNE TIERHEIME GIBT, WO WIR EINE BLEIBE FINDEN UND VON DORT IN EINE LIEBE FAMILIE KOMMEN.

FAST HÄTTE ICH VERGESSEN EUCH ZU ERZÄHLEN, DASS ICH EINEN ECHTEN MENSCHEN NAMEN HATTE, ICH WURDE DOCH TATSÄCHLICH „WALTER" GENANNT, NATÜRLICH GEFIEL MIR DIESER NAME GAR NICHT UND ICH WAR GANZ HAPPY ALS MICH MEIN

JETZIGES FRAUCHEN UMTAUFTE UND MIR EINEN NEUEN NAMEN GAB.
SIE NANNTE MICH „SAMY" DIESER NAME GEFIEL MIR SEHR GUT. NOCH LIEBER HATTE ICH ES WENN MICH DAS KLEINE FRAUCHEN, MEINE ANNA, „SÄMERICH" RIEF.
DAS KLEINE FRAUCHEN, WIE ICH SIE NENNE, IST DIE ENKELTOCHTER VON MEINEM FRAUCHEN UND SIE LIEBE ICH GANZ BESONDERS.
NIEMAND IST SO ZÄRTLICH WIE SIE UND KEINE KANN SO SCHÖN MIT MIR SPIELEN.

JEDES MAL WENN SIE ZU UNS KOMMT, BRINGT SIE MIR LECKERLIS MIT.
ICH LIEBE MEINE ANNA GANZ BESONDERS UND WENN SIE NACH MIR RUFT, DANN KOMME ICH SOFORT, WEIL ICH MICH SO SEHR FREUE, DASS ES SIE GIBT.
ABER JETZT WERDE ICH EUCH ALLES ERZÄHLEN, WAS ICH BISHER ERLEBT HABE UND WIE MEIN KLEINES KATZENLEBEN SICH ZUM GUTEN GEWENDET HAT. WIE MEIN LEBEN ANGEFANGEN HAT, DAS HABE ICH VERGESSEN, ICH KANN

MICH NUR NOCH AN DEN KALTEN UND ZUGIGEN FRIEDHOF ERINNERN UND AN DIE SCHLIMMEN SCHMERZEN, DIE ICH GEHABT HABE.
LIEBE MENSCHEN HABEN MICH INS TIERHEIM GEBRACHT, WO ICH OPERIERT WURDE. ICH DURFTE DORT BLEIBEN, BIS ICH WIEDER GESUND WAR, DANN KAMM ICH ZU MEINER ERSTEN KATZENMUTTER, SPÄTER ZU MEINEM JETZIGEN FRAUCHEN.
ICH BEKAM AUCH EIN EIGENES BETTCHEN UND EINE

KATZENHÖHLE, SOGAR EINEN EIGENEN KRATZBAUM.

KAPITEL 1

ICH BIN DER SAMY UND MEINE KATZENMUTTER IST TRAURIG

Ich bin der Samy ein Kater und meine Katzenmutter ist traurig. Vor ein paar Monaten
waren wir noch zu dritt, meine Katzenmutter, der Katzenvater und ich, der Samy.

Jetzt sind wir nur noch zu zweit, meine Katzenmutter und ich der Samy.

Der Katzenvater ist verstorben, er kommt nicht mehr nach Hause, sagt Frauchen und weint.

Das war eine Aufregung, zuerst kam ein Krankenwagen, der machte schrecklichen Radau und nahm das Herrchen mit ins Krankenhaus.

Dort besuchten ihn Frauchen und die Kinder und Enkel. Sie machten immer ernste Gesichter und weinten nur noch, dann gingen sie nicht mehr ins Krankenhaus, weil Herrchen verstorben war. Zuerst verstand ich dass nicht, mit dem „verstorben", dann begriff ich, dass der

„Verstorbene" nicht mehr nach Hause kommt. Und ich war auch sehr traurig, ich vermisse mein Herrchen.

Es ist schlimm für mich den Samy, weil ich ein fröhlicher Kater bin und gerne Kunststücke mache. Aber jetzt lacht keiner mehr über meine Kunststücke, alle weinen nur noch.

Ich verstehe ja, dass alle so traurig sind, mein Herrchen war immer lustig und jetzt ist er nicht mehr da. Aber ich der Samy, ich bin noch da und ich werde alles tun, damit alle wieder so fröhlich werden wie früher. Ich werde noch lauter schnurren wie bisher, noch mehr schmusen und allen zeigen wie lieb ich sie hab.

Ich erinnere mich daran wie Herrchen mit mir gespielt hat, wie er mich immer gestreichelt hat und wie er mich auf den Arm genommen hat. Manchmal gehe ich in sein Zimmer, lege mich auf sein Bett und träume von ihm.

Ich wünsche mir zu Weihnachten, dass alle nicht mehr so viel weinen und sehen, wie lieb ich sie alle habe, dann kann ich mich auch auf Weihnachten freuen.

KAPITEL 2

MEINE EIGENE TÜR

Ich bin Samy, der Kater von meinem Frauchen und ich habe euch ja berichtet, dass mein Herrchen ins Krankenhaus gekommen ist und dann nicht mehr wieder kam. Es war eine scheußliche Zeit. Die ganze Familie, das sind die Töchter von Frauchen und deren Töchter, das sind die Enkelkinder von Frauchen, liefen nur noch heulend herum. Mir gefiel es gar nicht mehr zu Hause, aber ich konnte die Heulenden doch nicht einfach alleine lassen. Besonders mein Frauchen nicht, sie hatte jetzt nur noch mich und sie sprach auch immer mit mir. Oft konnte ich sie nicht verstehen, weil sie immer nur heulte und dann ganz undeutlich sprach. Natürlich hörte ich ihr zu und versuchte sie zu trösten. Ich miaute und schnurrte und legte mich neben ihr Kopfkissen, dann streichelte sie mich und sagte: „lieber guter Kater du", dass tat mir auch gut. Aber irgendwie wurde sie seltsam, neuerdings schimpfte sie mit mir, wenn ich nach draußen wollte, früher hat sie das nie getan. Okay, ich ging meistens zu dem einen Fenster hinaus und wollte zum anderen wieder rein. Anscheinend war ihr dass plötzlich zuviel und sie sprach von einer Katzenklappe.

Einige Zeit später kam ein Paket und darin war diese Katzenklappe. Die gefiel mir überhaupt nicht, sie schien mir viel zu klein für mich. Wie sollte das jetzt weiter gehen, wo sollte die denn hin? Dann kam der Schreiner und baute das Glas aus der Türe aus und schraubte und siehe da, die Katzenklappe war in der Türe eingebaut. Ich sollte da durch gehen, wollte ich aber nicht, ich stellte mich dumm. Setzte mich vor die Klappe und miaute. Frauchen fiel darauf rein und hielt mir die Klappe auf, jetzt ging ich nach draußen. Aber rein ging ich nicht, ich setzte mich vor das Fenster und miaute, aber Frauchen kam nicht.

So, jetzt würde ich so lange raus und rein gehen, bis Frauchen das Klappern der Katzenklappe nerven würde. Tja, da hatte ich mich getäuscht, sie reagierte überhaupt nicht, schlief selig in ihrem Sessel. Okay, irgendwie ist die Katzenklappe gut für mich, ich kann raus und rein so oft ich will und muss nicht immer warten bis Frauchen mich raus lässt. So gesehen sind Katzenklappen gut für mich und mein Frauchen.

KAPITEL 3

UND WO SCHLAFE ICH JETZT?

Ich bin Samy ein Kater und in einem Monat werde ich zwei Jahre alt. Als ich zu meinem neuen Frauchen gekommen bin, da war ich glücklich, denn ich kam aus einem Tierheim und dort wollte ich weg. Ich wollte in eine richtige Familie, aber ohne Hunde, die waren mir immer zu laut.

Mein Wunsch erfüllte sich, ich bekam eine liebe Familie ohne Hund und ohne kleine Kinder.

Als ich dort ankam, wurde ich lieb empfangen und auf den Arm genommen, dass gefiel mir sehr gut. Dann sah ich mich in der Wohnung um, was ich toll fand, ich konnte vom Wohnzimmer aus direkt in den Garten gehen. Noch schöner fand ich, dass ich zu jedem Fenster hinein und hinaus konnte. Aber leider ging das mit den Fenstern nicht immer so weiter, ich bekam eine Katzenklappe. Die gefiel mir überhaupt nicht, ich wollte meine Fenster behalten, da machte es einfach mehr Spaß. Leider wollte das meine Familie nicht, weil sie mir immer die Fenster auf und zu machen mussten. Zuerst setzte ich mich einfach der Reihe nach vor jedes Fenster und miaute. Leider half es nichts, also benutzte ich die Katzenklappe. Das Schöne daran war, dass ich zu jeder Tages- und Nachtzeit herein und heraus spazieren konnte.

In der Wohnung hatte ich einen Katzenkorb, einen Kratzbaum und ein Sofa, dort fühlte ich mich richtig wohl. Dann entdeckte ich das Bett von meinem Frauchen und schlief öfter auch dort. Im Wohnzimmer stand so ein Sessel mit dem man schaukeln konnte, der gefiel mir genauso gut. Unter dem Sofa von Herrchen fand ich einen kleinen Bettkasten, dorthin verzog ich

mich, wenn ich nicht gesehen werden wollte. Ganz arg liebte ich die frisch gewaschene Wäsche im blauen Korb, die duftete so nach Blumen. Bald entdeckte ich den großen Bauernschrank, dort sprang ich hinauf und warf die Milchkanne und die Holzfigur ins Zimmer. Sehr gerne kratze ich am Ledersofa herum, das durfte ich nicht, gerade deswegen gefiel es mir so sehr.
Plötzlich hörte ich wie Frauchen sagte: „So geht das nicht, der Kater muss seine Grenzen kennen lernen, der kann nicht machen was er will!"
Von nun an dann durfte ich nicht mehr ins Bett von Frauchen, auch der Wäschekorb war „tabu", das Wort hörte

ich jetzt immer öfter. Der Schaukelsessel im Wohnzimmer war auch tabu, den Schrank konnten sie nicht zum „Tabuthema" machen, weil ich mich einfach in die hinterste Ecke setzte, denn da kommt Frauchen nicht hin. Aber ich bekam ein Bett das man über die Heizung hängt, finde ich super, weil es dort so warm ist und eine kleine Katzenhöhle hat sie für mich gekauft, dort ist es so schön kuschelig. Vor dem Haus habe ich einen Karton entdeckt, dort gefällt es mir auch recht gut. Frauchen hat eine Decke hinein getan und ein Kissen, so gefällt es mir. Jetzt habe ich nur ein Problem, in welchem Bettchen schlaf ich bloß?

KAPITEL 4

BESUCH VON EINEM NERVIGEN SCHLEIFCHENHUND

Als Kater bin ich ein ruhiges Leben gewöhnt, lautes Geschrei kann ich gar nicht leiden.

Meine Familie ist angenehm ruhig und direkte Nachbarn haben wir nicht. Das Pferdle von unseren Vermietern wiehert manchmal, aber das höre ich gerne und auch das Gegacker der Hühner finde ich sehr schön.

Heute wird Besuch erwartet, eine Bekannte kommt und Frauchen hat schon einen Kuchen gebacken. Natürlich wurde auch gesaugt und gewischt, es ist immer dieselbe Aufregung wenn Besuch erwartet wird. Heute kommt ein Tier mit, ein Hund, und ich soll mich gut benehmen und das Tier nicht anfauchen, sagt mein Frauchen.

Ich kann Hunde nicht leiden und ihr blödes Gebell schon gar nicht, ist mir einfach zu laut, tut meinen Ohren weh. Dann kamen sie schon, die Freundin und ihr Hund, einer mit einem Schleifchen auf dem Kopf, sah echt blöd aus. Mini wurde sie genannt und sie rannte ständig aufgeregt im Haus herum.

Ich fand sie nervig, mich störte das Getrippel von ihren kleinen Füßchen und das ständige Gebell, dass sich wie „Wiff, Wiff, Wiff anhörte, es beleidigte meine Ohren. Noch dazu sprang dieses Vieh auch noch in meinen Lieblingssessel und schaute mich dümmlich an, dass gefiel mir überhaupt nicht und ich stellte mich vor meinen Sessel und fauchte das Hündchen an. Jetzt knurrte das kleine Ding und bellte noch schriller, dabei wackelte das rosa Schleifchen auf ihrem Kopf hin und her. Ich war echt wütend und haute ihr eins mit der Pfote über ihren Kopf, da war sie plötzlich still.

Aber mein Frauchen schimpfte mit mir, nannte mich böser Kater und setzte mich vor die Türe. Alles wegen dieser Kreatur die nur zu Besuch war. Ich blieb dann einfach über Nacht weg, denn ich war beleidigt und eines weiß ich ganz genau, wenn dieser Schleifchenhund wieder kommt, dann lege ich mich in meinen Sessel und er bekommt meine Krallen zu spüren, die vergisst er bestimmt nicht und dann kommt er hoffentlich nie wieder. Das ist mein Haus und da haben fremde

Hunde nichts verloren, hier wohne ich,
der Kater Samy und Niemand sonst.

KAPITEL 5

MEIN NEUER NAME IST „DIABOLO"

Ich bin der Kater Samy und eigentlich ein ganz lieber Kater, aber seit ich beim Tierarzt war und wieder einmal ein paar Tage nicht raus darf, wehre ich mich und dies
gefällt meinem Frauchen überhaupt nicht.

Damit ihr mich versteht, erzähle ich euch, was ich so mache. Zuerst einmal versuche ich zur Katzenklappe hinaus zu gelangen. Leider ist die verschlossen und das ärgert mich. Also kratze und beiße ich und dazu schreie ich, damit man mich hört.

Nachdem das mit der Katzenklappe nicht geht, nehme ich mir die Fenster vor, ich will durch den Spalt des gekippten Fensters raus, aber das darf ich auch nicht, die Fenster werden ganz zugemacht, da muss ich doch am Fensterrahmen kratzen.

Jetzt werde ich richtig böse und hänge mich in die Gardinen, leider hilft das auch nicht, ich muss die Gardinen runter reißen, damit man sieht, dass es mir total ernst ist mit dem raus wollen.

Geschafft, die zweite Gardine liegt auf dem Boden und sieht übel aus. Frauchen sagt ernst „Nein, nein, nein" und schaut böse aus.

Okay, sie will mich nicht verstehen, dann mache ich weiter, ich springe auf den Schrank und werfe die Hexe und den Bauern herunter, die mag ich sowieso nicht. Jetzt sagt Frauchen zum ersten Mal „Diabolo" zu mir, das heißt übersetzt „Teufel", dazu droht sie mir mit dem Zeigefinger und schüttelt den Kopf.

Aber ich will raus und das unbedingt, drinnen gefällt es mit gar nicht. Ich fresse von der Grünlilie die Spitzen ab und werfe die kleinen Blumentöpfe von der Fensterbank. Nun packt mich mein Frauchen und sperrt mich ins Gästezimmer. Zuerst bin ich ruhig, dann schreie ich in den allerhöchsten Tönen.

Es hilft auch nichts, ich muss auf die Türklinke springen und die Türe selber aufmachen und so mache ich es mit jeder Türe, irgendwann wird sie mich ja hinaus lassen, dachte ich. Macht sie aber nicht.
Okay, dann lege ich eine Pause ein und warte einfach mal ab. Natürlich schrei ich die ganze Nacht „Miaauuuu,

Mirrooo, Miaaumiroo, ich höre nicht auf, aber Frauchen reagiert nicht und schläft weiter. Ich springe auf ihren Bauch, da brüllt sie richtig laut: "rrrraus und komm heut ja nicht mehr rein".

Zum Glück hat sie vergessen die Haustüre abzusperren, ich springe auf die Klinke und bin weg. Ich sage euch, sie ruft mich ganz lieb, „Samy" ruft sie, aber ich komme erst nach zwei Tagen wieder heim und bekomme mein Lieblingsfutter und viele Streicheleinheiten. Das gefällt mir.

Ich war so müde und schlief erst mal eine Runde, zum Glück kennt sie mein

Versteck nicht, es ist um die Ecke im Hühnerstall.

KAPITEL 6

DER MIT DEN GROßEN HÄNDEN

Heute ist Frauchens Tochter gekommen und hat einen Korb mit Gittern mitgebracht.
Ich freute mich riesig, denn ich durfte heute Auto fahren. Bereitwillig sprang ich in den Korb und wurde ins Auto gebracht.

Dann ging es auch schon los, es schaukelte und rumpelte und es gefiel mir gar nicht. Um es auszuhalten weinte ich laut und wollte wieder raus aus dem Korb, aber das ging nicht.

Endlich waren wir angelangt, jetzt kam auch noch Anna dazu, meine Anna, die immer so ganz besonders lieb zu mir ist, da fühlte ich mich gleich besser.

Wir gingen in ein Zimmer und das sah und hörte ich lauter Katzen und Hunde, sie waren alle sehr aufgeregt und erzählten mir, wir seien beim Tierarzt. Ich fragte was wir denn hier machten, da redeten alle durcheinander und ich war total verwirrt.

Endlich nach fast zwei Stunden, die mir schrecklich lang vorkamen, durfte ich aus dem Korb und ein Mensch mit großen Händen legte mich auf einen Tisch. Das gefiel mir gar nicht, ich wollte weg! Aber ich konnte nicht, seine riesigen Hände hielten mich ganz fest und er drückte an mir herum und meinte, ich wäre ein schöner und gesunder Kater.

Aber, so sagte er, die Bisswunde an seinem After gefällt mir gar nicht, da müssen wir was tun. Das hörte ich gar nicht gerne.
Dann nahm er so ein langes Ding und füllte eine Flüssigkeit hinein, die er mir in meinen Muskel spritzte. Das tat so schlimm weh, dass ich versuchte vom Tisch zu springen, konnte ich

aber nicht, der Mensch hielt mich ganz fest.

Ich begann zu fauchen und knurrte so laut ich nur konnte, aber es half nichts, der Mensch ließ mich nicht los. Er gab mir noch eine Spritze, so nannte er das lange Ding, nun meinte, er wäre alles okay.

Endlich setzte er mich in meinen Korb und ich durfte nach Hause. Und wieder schaukelte das Auto, aber ich war zu erschöpft um zu weinen, ich wollte nur noch meine Ruhe haben und schlafen.

Zu Hause angekommen schlief ich sofort ein und träumte von dem Menschen mit den riesigen Händen. Anna erzählte mir dann, ich sei ein tapferer Kater gewesen und der Tierarzt, dass war der mit den großen Händen würde mir nur helfen. Die Spritzen seien wichtig, damit ich keine Blutvergiftung bekomme und ein gesunder Kater bleiben würde.

Einmal im Jahr müsse ich dort hin und mich untersuchen lassen, meine Impfungen bekommen und entwurmt werden.

Das gefiel mir gar nicht, aber Anna sagte, dass sei sehr wichtig für mich, und was Anna sagt, das glaube ich, denn Anna hatte mich ganz doll lieb, und ich sie auch.

Muss er immer meinen Popo anschauen flüsterte ich Anna fragend ins Ohr, denn ich schämte mich, es war so unangenehm von einem Fremden so angeschaut zu werden.

Nein, sagte Anna, nur wenn dich einer in deinen Popo beißt. Da war ich beruhigt, das würde ich von nun an versuchen zu verhindern. Auf jeden Fall, wusste ich jetzt was ein Tierarzt ist und dass er mir hilft, wenn ich krank bin oder gebissen werde.

KAPITEL 7

EIGENTLICH BIN ICH DER WALTER

Als derjenige um den es in diesem Buch geht, habe ich der Kater das Wort.

Ich heiße eigentlich Walter, aber dass passt überhaupt nicht zu mir, ich bin nämlich ein junger moderner Kater, kein in die Jahre gekommenes Modell.

Ich bin ein Karthäuser Mix Kater und darauf bin ich mächtig stolz.

Man hat mich auf einem Friedhof gefunden und ich war so schwer verletzt, dass ich zum Tierarzt gebracht werden musste. Meine Verletzung wurde genäht, eine Impfung bekam ich auch und einen Chip für den Fall dass ich verloren gehe, dann findet man mich sehr leicht und kann mich nach Hause bringen.

KAPITEL 8

SCHEINBAR HABE ICH SCHLECHTE MANIEREN

Ich bin der Kater Samy und man sagt mir schlechte Manieren nach. Komische Marotten soll ich haben, die ich bis jetzt nicht hatte. Okay, ich springe auf den Schrank und ich werfe auch mit Vergnügen die hässliche Hexe runter, weil ich sie nicht leiden kann, aber das ist doch keine Marotte, das macht einfach nur Spaß. Das mit der Wasserschüssel kann ich erklären, die ist einfach zu klein und weil ich gerne eine größere möchte, werfe ich sie um. Nur mein Frauchen begreift das einfach nicht. Katzen sind viel schlauer, als die Menschen denken. Es dauert meist nur eine Weile, bis unsere Menschen begreifen, was wir möchten. Wenn ich versuche mein Frauchen ganz vorsichtig zu beißen, dann fordere ich sie zum Spielen auf.

Im Garten mag ich gerne es, auf den Küchen Kräutern zu liegen und alle anzufressen. Warum? Weil sie so gut schmecken. In den Lieblingssessel von meinem Frauchen liege ich gerne, weil er nach ihr riecht, Menschen sind manchmal echt begriffsstutzig und wenn ich plötzlich wie vom Affen gebissen im Zimmer herum renne und ganz irre schaue, dann fühle ich mich einfach nur sauwohl, so einfach ist dass.

Ich bin kein kleines sanftes Katzenbaby mehr, ich bin ein schöner großer Kater geworden und dauernd höre ich „Nein" von meinem Frauchen, da ist doch sonnenklar, dass ich zwicken und beißen oder knurren muss, um ernst genommen zu werden.

Neulich setzte sie mich einfach vor die Türe und hörte nicht einmal auf mein lautes miauen, da konnte ich nicht anders, als mich auf den Fenstersims zu setzen und zu kratzen, weil ich wieder ins Haus wollte. Und dann machte sie auch noch die Katzenklappe zu, das konnte ich mir nicht gefallen lassen. Ich kam die ganze Nacht nicht nach Hause.

Natürlich hörte ich sie rufen, aber ich war echt sauer und zeigte mich erst gegen Abend, da war sie richtig lieb zu mir und ich bekam sogar „Leckerlis", da beschloss ich sie mit schnurren und gurren zu belohnen und war wieder ganz der liebe Kater Samy.

KAPITEL 9

ICH MACHE RANDALE

Es war wirklich zum verrückt werden, nur weil ich der Kater Samy beim Tierarzt gewesen war, durfte ich jetzt nicht nach draußen und dass für ganze drei Tage. Ich war so sauer, ich musste mich unbedingt abreagieren um nicht durchzudrehen. Zuerst randalierte ich im Wohnzimmer, sprang herum wie ein junges Böcklein und warf Blumen und Figuren vom Fensterbrett. Dann spazierte ich in die Küche und räumte den Tisch ab, warf mein Futter herum. Im Büro warf ich die Brille und die

Zeitungen auf den Boden, im Schlafzimmer hängte ich mich in die Vorhänge, spazierte auf dem Laptop herum und warf Bleistifte in hohem Bogen in den Papierkorb.

„Hör auf", schrie Frauchen in den höchsten Tönen. Ich grinste sie nur an und sprang auf den Wohnzimmerschrank, zuerst hinauf, dann hinunter und immer weiter so, das machte mir richtig Spaß, leider gefiel es meinem Frauchen gar nicht.

Ich versteckte mich in der Dusche und zerrte am Duschvorhang. Damit nicht genug, ich setzte mich in den Trockner und blieb in der frischen Wäsche liegen. Das konnte Frauchen überhaupt nicht leiden, sie holte mich heraus und sperrte mich ins Klo. Prima, endlich konnte ich den Fenstersims abräumen, das Radio runter werfen und das WC Spray hinterher.

Im Klo miaute ich so laut und jämmerlich, dass sie die Türe aufmachte, um nach mir zu schauen. Das nutzte ich aus und sprang in mein Katzenklo. Dort scharrte ich so sehr, dass das Streu überall herum flog und ich setzte mich jede halbe Stunde in mein Kistchen, obwohl ich gar nicht musste. Leider half das alles nichts, sie ließ mich nicht nach draußen.

Ich bewunderte ihre Nerven und ihre Geduld, mir fiel auch nichts mehr ein, womit ich ihre Aufmerksamkeit erregen konnte. Letztendlich kapitulierte ich und fraß zuerst meinen Napf leer, dann legte ich mich in meine Katzenhöhle und schlief.

Endlich waren die drei Tage vorbei und ich konnte wieder frei entscheiden, was ich tun wollte. Mann war ich froh nicht mehr eingesperrt zu sein und draußen herum tollen zu können. Und das tat ich dann auch mit dem allergrößten Vergnügen.

KAPITEL 10

ICH UND DAS PFERDLE

Meine Familie und ich sind umgezogen. Alles war neu, für mich und für meine Eltern. Schön fanden wir unser neues zu Hause, endlich keinen lauten Krach und Benzingestank mehr. Nur noch Natur, Tannenbäume und Blumen, dazu frische Luft. Unsere Vermieter hatten Hunde, Katzen, Hühner und ein Pferd. Der Pferdestall lag etwas abseits vom Haus und das Pferd konnte vom Stall aus in die Wiese hinter dem Haus laufen.

Endlich konnte ich ohne Sorgen aus dem Haus und wurde ein Freigänger. Am Anfang ging ich nur sehr zaghaft nach draußen, weil ich die Umgebung nicht kannte. Dann unternahm ich größere Streifzüge und blieb oft stundenlang weg, eines Abends kam ich gar nicht nach Hause.

Um fünf Uhr früh saß ich laut miauend vor der Haustüre und als sie mich herein gelassen hatten, sauste ich wie ein Blitz zu meiner Futterschüssel, die ich gierig leer fraß. Danach legte ich mich ins Bett und schlief den ganzen Tag. Manchmal kam ich auch schon um drei oder vier Uhr zu Hause an, weil mein Frauchen nicht jeden Morgen so früh aufstehen wollte, ließ sie mich ein paar Tage nicht mehr raus. Das gefiel mir überhaupt nicht und ich miaute laut, dazu warf ich die Blumentöpfe vom Fensterbrett und sprang auf die Türklinken um die Türen zu öffnen.

Plötzlich war alles anders, mein Frauchen schickte mich um acht Uhr am Morgen aus dem Haus. Sie wollte testen wann ich wieder komme. Ihr Plan ging auf, kaum brach die Dunkelheit herein stand ich vor der Tür und wollte nur noch fressen und ein Schläfchen halten. Dann kam eine Zeit, in der ich nach Hause kam und nur noch wenig oder gar nichts mehr fraß. Ich schaute nur noch gelangweilt in meinen Napf, nahm ein paar Bissen zu mir und legte mich in mein Körbchen. Mein Frauchen machte sich sichtlich Sorgen und fragte in der Nachbarschaft herum, ob mich jemand füttern würde. Nein, meinten sie, wir füttern keine fremden Katzen.

Also musste ich nah am Haus eine Futterstelle haben, dachte sich mein Frauchen und tatsächlich, eines Tages entdeckte sie einige Strohhalme in meinem Fell, da wusste sie, wo ich mich tagsüber aufhielt. Ich freundete mich mit den Katzen von unseren Vermietern an noch dazu stand im Stall immer eine Schüssel mit leckerem Futter für uns alle. Heute hat Sie mich im Pferdestall entdeckt. Als ich Sie sah rannte ich fröhlich auf Sie zu, miaute laut, lief hinter her und hüpfte in mein schönes Körbchen. Tiere suchen sich ihre Freunde selber aus, in diesem Fall waren es nicht die Katzen, es war ein Pferd geworden. Von den Katzen nahm ich nur das Futter, schlafen wollte ich bei dem Pferdle.

KAPITEL 11

DIE GITTERHÖHLE UND ICH

Manchmal ist mein Frauchen so richtig gemein, heute wollte ich wie immer zur Katzenklappe raus, da war die plötzlich zu und ich musste drinnen bleiben. Dabei war so ein schöner sonniger Tag und ich hatte keine Lust bei diesem Traumwetter nicht raus zu dürfen.

Mein Frauchen sagte mir, dass ich nur kurz zum Tierarzt zur Nachschau müsse, dann könne ich wieder nach draußen.

Seit einigen Wochen stand ein neues Ding in meinem Zimmer, es sah aus wie eine Höhle, aber sie hatte eine Gittertüre zum Verschließen, das macht mir Angst. Aber was roch denn da so gut? Das wollte ich unbedingt probieren. Es waren leckere Snacks mit Fisch, genau richtig für mich und ein Wassernäpfchen war auch drin, da würde ich jetzt öfter mal rein gehen solang ich nicht nach draußen darf.

Okay, ich könnte wie immer auf die Türklinken springen und schon wäre ich weg.

Bei der ersten Türklinke rutschte ich ab, das ärgerte mich und ich versuchte es noch einmal, klappte auch nicht.

Jetzt begriff ich, die Türe war abgesperrt, damit ich nicht abhauen konnte. Nun es gab immer einen Weg hier raus ich müsste ihn nur finden.

Zuerst einmal stellte ich mich schlafend und wartete, dass mein Frauchen nach mir sehen würde. Aha, der Schlüssel drehte sich im Schloss und ich schoss wie ein Pfeil an Frauchen vorbei in die Küche. Blöd das Fenster war zu und ich konnte wieder nicht raus.

Ich konnte nur noch die Schmusenummer probieren, Schnurren wie verrückt, um die Beine streichen und meinen Unschuldsblick aufsetzen, genau das tat ich, aber auch dies half nichts.

Jetzt war ich beleidigt und ging zurück zu meiner neuen Höhle mit dem Gitter um mich dort zu verstecken. Ich war gerade so gemütlich am Leckerli fressen, als die Gittertüre zufiel und ich nicht mehr heraus konnte. Natürlich schrie ich wie am Spieß und fauchte wie verrückt.

Frauchen sagte, ich solle mich beruhigen, wir gehen nur schnell zum Tierarzt.

Ihr erinnert euch, das war der Mensch mit den großen Händen. Er nahm mich aus der Gitterhöhle, untersuchte mich und gab mir eine Spritze, dieses Mal tat es nicht weh.

Dann streichelte er mich und sagte mir dass ich ein schöner Kater sei und setzte mich wieder in meine Gitterhöhle zurück. Wir fuhren nach Hause, ich durfte aus der Gitterhöhle und die Katzenklappe war auch wieder auf. Aber auf die Klinken springen ging nicht mehr, die Türen wurden, so wie Frauchen es wollte, abgesperrt. Ich wusste nie welche Türen verschlossen sein würden, dass ärgerte mich, aber eines Tages würde ich sicher den Hebel am Fenster umlegen können und dann dort hinaus gehen. Ich übte schon immer ganz heimlich, denn Katzen sind sehr schlaue Tiere, Menschen wissen das oft nicht.

KAPITEL 12

HAU AB, DU BIEST

Schon seit einigen Tagen trieb sich ein fremder Kater in meinem Garten herum, das gefiel mir überhaupt nicht.

Er legte sich auch noch in meinen Lieblingssessel, das konnte ich mir nicht gefallen lassen.

Zuerst ging ich auf meinen Sessel zu und knurrte, aber darauf reagierte er nicht.

Okay, dann würde ich ihm eins überbraten, das tat ich dann auch und er verzog keine Mine, er grinste mich nur frech an.

Also zerrte ich an meinem Kissen, auf dem er lag, jetzt bequemte er sich aus dem Sessel zu springen, aber nur, um sich in meinen Karton zu legen.

Das konnte doch nicht wahr sein, was bildete der sich eigentlich ein, der spinnt wohl.

Jetzt haute ich ihm meine Krallen ins Fell, er schrie nur ganz leise und haute zurück.

So ging das eine Weile hin und her und man wurde auf uns aufmerksam, weil wir uns anfauchten.

Mein Frauchen kam heraus und verjagte den Kater.

Das gefiel mir nicht, weil ich ihn doch selber verjagen wollte. Außerdem sah das ja so aus, als ob ich nicht in der Lage wäre, mich selber zu verteidigen.

Als er sich vertrollte fauchte ich ihn noch extra laut an und warnte ihn, wieder hierher zu kommen.

Leider wollte er das nicht verstehen, denn schon einige Tage später war er wieder und legte sich auf meine kleine Gartenbank. Dieses Mal fackelte ich nicht lange und biss ihn gleich ins Bein, schwupp, weg war er, das hatte er begriffen.

Eine Zeit lang sah ich ihn nicht mehr und war echt froh darüber, denn ich traute ihm nicht über den Weg. Ich konnte schwarze Katzen noch nie leiden und rote auch nicht, aber das ist eine neue Geschichte.

KAPITEL 13

ICH WOLLTE HOCH HINAUS

In unserem Garten vor dem Haus stehen viele Bäume, die haben mich schon immer zum Klettern eingeladen. Ab und zu probierte ich da hinauf zu klettern, aber mir gelang es nie so richtig.

Ich kam zwar immer ein Stückchen hinauf, rutschte aber immer wieder zurück. Das ärgerte mich und um meine Wut los zu werden, benutzte ich den Baum als Kratzbaum.

Das gefiel meinem Frauchen nicht und sie schimpfte mit mir, sagte das tue dem Baum weh und ich dürfe es nicht machen.

Natürlich hörte ich nicht auf mein Frauchen, es machte mir Spaß und ich wartete immer, bis ich alleine im Garten war und dann kratzte ich wie verrückt an der Birke vor unserem Haus.

Eigentlich wollte ich ja den Stamm hinauf klettern bis ganz oben in die Spitze und den fünf kleinen Vogelhäuschen wollte ich unbedingt einen Besuch abstatten.

Einfach mal nachsehen, was da immer so laut zwitscherte, war manchmal nicht zum Aushalten.

Also übte ich immer wieder und ich wusste, eines Tages würde ich es schaffen.

Es dauerte Monate bis ich fast ganz oben angekommen war. Natürlich schaute ich auch in die kleinen Vogelhäuschen, aber die waren leer, das enttäuschte mich schon, weil nichts piepste und zwitscherte mehr.

Ganz schön hoch hier oben, aber es gefiel mir und keiner würde mich finden, ein tolles Versteck, wenn ich mich mal verstecken wollte.
Nur der Wind, der jetzt plötzlich so stark wehte, machte mir Angst, ich

musste so schnell wie möglich wieder nach unten. Jetzt fing es auch noch an zu regnen und das gefiel mit nicht, ich wollte nach Hause in mein warmes Körbchen.

Zuerst miaute ich leise, dann immer lauter und dann schrie ich so laut ich konnte. Mein Frauchen rannte aus dem Haus und suchte mich, aber sie fand mich nicht, rief immer nach mir und ich schrie zurück. Endlich entdeckte sie mich und fragte wie ich da hinauf gekommen sei.

Ich weinte noch lauter und rutschte ein Stück hinunter, dann klammerte ich mich wieder fest und wartete, dass mich mein Frauchen herunter holt.

Sie holte mich nicht, sie weinte jetzt auch und rief etwas von „Höhenangst", dass hatte mit gerade noch gefehlt! Mir war kalt und ich hatte Hunger und was war eigentlich diese komische „Höhenangst"?
Jetzt wurde es dunkel und ich saß immer noch hier oben. Plötzlich war mein Frauchen weg und ich schrie noch lauter, irgendjemand musste mich doch hören.

Da rief der Nachbar: "Halt die Schnauze, du blödes Katzenvieh" und warf einen Stein nach mir, so ein gemeiner Mensch.

Ja, manche Menschen haben echt kein Herz für Tiere, dem würde ich, wenn ich wieder unten wäre, in seinen Garten kacken und es dann nicht zuscharren. Es wurde immer dunkler und ich dachte schon, man hätte mich vergessen, da kam Bewegung ins Spiel. Eine Leiter wurde an den Baum gestellt und Frauchen stieg ein paar Stufen nach oben, aber dann ging sie wieder nach unten. Die Höhenangst hatte sie wieder überfallen.

Jetzt hatte ich keine Hoffnung mehr, vor lauter Schreck rutschte ich wieder ein Stück nach unten, Frauchen weinte wieder und ich schrie noch lauter.

Dann kam endlich die Rettung, mein kleines Frauchen, meine Anna, kam und jetzt würde alles gut werden. Anna kletterte nach oben und redete mir zu, ganz ruhig zu bleiben und mit nach unten zu kommen.
Ich hatte immer noch schreckliche Angst aber Anna nahm mich einfach in den Arm und gemeinsam stiegen wir ganz langsam nach unten.
Auf diesen hohen Baum bin ich nie mehr gestiegen, ich freute mich wieder festen Boden unter meinen Pfoten zu haben.

KAPITEL 14

DAS KATZENKLAPPENSPIEL

Mann ist mir heute langweilig und es regnet auch noch, dass gefällt mir heute nicht, ich will doch raus und herumtollen.

Keine Katze ist draußen und die Vögel singen nicht, nur die Hühner gackern, aber die gackern ja immer.
Was ist mit den Tauben los, die höre ich heute ebenfalls nicht. Alles ist so still, nicht einmal das Pferdle wiehert, diese Stille geht mir echt auf die Nerven.

Was mich sehr beunruhigt, der Himmel ist fast schwarz, die Sonne hat sich hinter den Wolken versteckt, kein schöner Tag, aber den mach ich mir jetzt selber schön.

Gesagt getan, ich gehe leise zur Katzenklappe raus und wieder herein. Das mache ich fünf Mal, endlich höre ich Frauchens Stimme.

„Spinnst du", fragt sie, „warum gehst du ständig raus und wieder rein"?

Was soll ich jetzt sagen? Menschen sind manches Mal richtig begriffsstutzig.

Ich will auf mich aufmerksam machen, so einfach ist das.

Okay, dann setzte ich mich vor die Balkontüre und miaue, jetzt schaut mich Frauchen böse an, gefällt ihr wohl auch nicht.

Gut, dann springe ich zum geöffneten Fenster herein, sie macht das Fenster zu.

Sie hat es nicht anders gewollt, ich springe zur Katzenklappe raus und komme zum Wohnzimmerfenster oder zum Schlafzimmerfenster rein, gefällt mir echt gut.

Ich hätte ja gerne weiter gemacht, aber plötzlich sind alle Fenster zu und ich kann nur noch zur Katzenklappe raus und rein.

Okay, dann spiele ich eben das „Katzenklappenspiel". Leider funktioniert das nur drei Mal, dann sitze ich vor der verschlossenen Katzenklappe. Auch gut, ich bin beleidigt und komme diese Nacht einfach nicht nach Hause. So lasse ich mich nicht behandeln. Aber Spaß gemacht, hat es trotzdem, dass ist die Hauptsache.

KAPITEL 15

ICH BIN EIN BESUCHSKATER

Heute Morgen bin ich um 5 Uhr früh heim gekommen und habe mein Frauchen ganz lieb begrüßt. Aber Sie war richtig garstig zu mir, hat mich nur kurz gestreichelt und sich gleich wieder umgedreht um weiter zu schlafen.

Nicht einmal mein Leckerli hat sie mir gegeben, das bekomme ich sonst immer, wenn ich nach Hause komme.

Ich liebe diese zarten dünnen Fleischsticks doch so sehr und bis jetzt habe ich sie jeden Tag bekommen.

Das macht mich nachdenklich, liebt mich mein Frauchen nicht mehr oder ist sie vergesslich geworden?

Auch gut, dann gehe ich jetzt zu meinem Futternapf, nach so einer langen Nacht muss ich unbedingt etwas fressen. Wunderbar, mein Napf ist voll mit meinem Lieblingsfutter, dass bessert meine Laune und ich fresse bis ich satt bin. Jetzt noch ein Nickerchen draußen im Gartensessel und die Welt ist wieder in Ordnung.

Gerade will ich zur Katzenklappe hinaus, als Frauchen vor mir steht und mich böse anschaut.

„Sag mal, geht's noch, wo willst du denn schon wieder hin? Du bist doch gerade erst gekommen!"

Ich schaue sie fragend an, verstehe nicht, was das soll, ich will doch nur raus, sonst nichts.

„Du bleibst jetzt da, du wohnst hier, kannst nicht immer nur kurze „Gastspiele" geben, fressen und wieder abhauen!"

„Du entwickelst dich zum „Besuchskater" und ich möchte einen normalen Kater, nicht einen der frisst und wieder abhaut, merk dir das!"

Oh, jetzt ist sie richtig böse, so mag ich Sie gar nicht. Schnell setzte ich meinen

Unschuldsblick auf und streiche um ihre Beine, dabei schnurre ich ganz laut. Hat geklappt, Sie streichelt mich ganz lieb und jetzt bekomme ich auch mein Leckerli, das ich genüsslich verzehre. Dann schlafe ich noch eine Runde in meinem weichen Katzenbettchen und schon ist die Welt wieder in Ordnung.

Ja, es ist nicht so einfach ein Kater zu sein und es den Menschen immer recht zu machen aber meistens bekomme ich alles wieder in den Griff und Frauchen ist mit mir zufrieden.

KAPITEL 16

UND WAS IST EIN BLUMEN-TOPFKATER?

Jetzt bin ich wirklich böse auf mein Frauchen. In der letzten Zeit hagelt es nur noch Verbote.

Am meisten ärgert mich ihr hoch gestreckter Zeigefinger und auch das blöde „Nein Samy das darfst du nicht", kann ich nicht mehr hören.

Was ist nur los mit ihr, wieso durfte ich früher so viele Dinge, und jetzt auf einmal nicht mehr?

Ja, ich bin zwei Jahre alt geworden und mächtig gewachsen, bin kein Baby mehr, so sagt mein Frauchen.

Darf ich deswegen keinen Spaß mehr haben? so gefällt mir dass alles aber nicht, dabei habe ich gerade entdeckt, wie schön es sich in den Blumentöpfen liegt. Die Erde ist so schön weich, am besten sind die ganz großen Blumentöpfe, da kann ich mich so richtig reinkuscheln. Okay, manchmal geht ein bisschen Erde daneben, wenn ich mich umdrehe, aber das ist doch nicht schlimm. Ab und zu fresse ich ein paar Spitzen von der Grünlilie, die mag ich so gerne, wenn Frauchen dass sieht, dann packt sie mich am Kragen und zerrt mich raus. Frechheit, wo ich doch so schön träumen kann, wenn ich im Blumentopf liege, aber das darf ich nicht, sagt sie und sagt: "Nein, Nein, Nein", gleich dreimal nacheinander, da muss ich doch fauchen und die Zähne zeigen. Dann nennt sie mich auch noch „Blumentopfkater", das will ich nicht hören!

KAPITEL 17

AUFREGUNG UM MICH

Ich sage euch, dass war eine Aufregung um mich den Kater Samy. Zugegeben, ich fühlte mich ein wenig schlapp und habe viel geschlafen. Hatte auch keinen Hunger, sogar meine Leckerlis schmeckten mir nicht aber das war doch noch kein Grund gleich Alarm zu schlagen.

Ich lag in meinem Bettchen und hörte noch, wie mein Frauchen herum telefonierte und immer wieder „mein armer Samy" sagte. Wieso sie das sagte verstand ich nicht, aber plötzlich standen alle um mein Bettchen und mein kleines Frauchen, meine Anna, weinte sogar.

Dann telefonierten Sie mit dem Tierarzt, aber der schien in Urlaub zu sein, leider fanden sie eine „Frau Doktor" auch eine Tierärztin und ich sollte sofort kommen.
Das gefiel mir überhaupt nicht, ich wusste, wie das ausgehen würde und mir graute davor.
Leider wurde ich nicht gefragt, ich kam in den Gitterkäfig und dann ins Auto, klar, dass es mir wieder schlecht wurde, ich rülpste und furzte und mi-

aute. Das half gar nichts, die Frau Doktor nahm mich aus meinem Gitterkäfig und meinte ich sehe gut aus, untersuchte mich und stellte fest, ich war gesund. Glücklich wollte ich vom Tisch springen und nach Hause gehen aber die Frau Doktor hatte im Impfpass gesehen, dass mir eine Impfung fehlte.
Dann ging alles sehr schnell, bevor ich abhauen konnte, fühlte ich schon den Einstich der Nadel.
Okay, sagte die Tierärztin, dass war es schon, jetzt ist er gegen den Katzenschnupfen geimpft. Wäre doch schlimm, wenn dem Kleinen wunderschönen Kater etwas passieren würde. Dann streichelte Sie mich und setzte

mich in meinen Gitterkäfig zurück. Mein kleines Frauchen Anna holte mich wieder bei der Tierärztin ab und fuhr mich nach Hause.

Diese ganze Aufregung kam daher, weil ich ein paar Mal genießt hatte und ich keinen Hunger gehabt habe. Wenn ich ehrlich bin, tat es mir schon sehr gut, dass sich alle so lieb um mich kümmerten. An diesem Tag schlief ich sofort in meinem Bettchen ein und träumte von der getigerten Nachbarskatze.

KAPITEL 18

AUSGESPERRT – WAS MACHE ICH JETZT?

Ich der liebe Kater Samy stehe doch tatsächlich vor einer verschlossenen Türe und kann nicht ins Haus. Was hat mein Frauchen sich eigentlich dabei gedacht? Zur Katzenklappe kann ich rein, aber die andere Türe, die sonst immer offen ist, die ist abgesperrt.

Okay, in der letzten Zeit bin ich gekommen und gegangen wie es mir gepasst hat, aber das ist doch kein Grund mich nicht mehr ins Haus zu lassen.

Ich habe Hunger und will jetzt fressen. Natürlich miaue ich so laut wie ich kann, aber Niemand kommt. Ich springe auf die Türklinke, aber auch das funktioniert nicht. Ich setze mich vor jedes Fenster und schreie so laut ich kann, aber auch das hilft nichts.

Okay, wenn keiner kommt, dann gehe ich wieder. Besuche mal die Nachbarskatze und schaue, was es da so gibt. Also, das Futter schmeckt mir gar nicht, da ist mein Futter bedeutend besser. Ich bekomme immer Nass- und Trockenfutter, ganz zu schweigen von meinen Leckerlis.

Warum darf ich nicht ins Haus, was ist los, das frage ich mich? War ich frech zu meinem Frauchen oder habe ich etwas falsch gemacht?

Egal was es ist, ich muss das schnell in Ordnung bringen. Zuerst einmal werde ich vor Einbruch der Dunkelheit ins Haus kommen, dann werde ich mich auch am Tag mal zeigen und ich werde nicht sofort nach dem Essen wieder abhauen, dann lässt mich Frauchen bestimmt wieder ins Haus. Bis dahin lege ich mich auf den großen Terrassentisch vor dem Wohnzimmer und warte bis Sie mich sieht.

Aha, hat funktioniert, Sie öffnet die Terrassentüre und ich springe schnell hinein, streiche um ihre Beine und miaue laut und ausdauernd. „Hunger?", fragt sie mich. Daraufhin füllt Sie meinen Napf, ich mampfe so schnell ich kann, dann laufe ich hinter ihr her und setze mich zu ihr aufs Sofa. Sie streichelt mich und ich schnurre so laut ich kann. An diesem Tag bleibe ich zu Hause und mein Frauchen freut sich und ich mich natürlich auch. Das werde ich jetzt öfter machen, ich habe fest gestellt, daheim ist es doch am Schönsten.

KAPITEL 19

SIE MAG MEINE GESCHENKE NICHT

Ich verstehe die Menschen manchmal nicht. Da sitze ich draußen und beobachte eine Heuschrecke wie Sie die jungen grünen Blätter frisst und beschließe Sie zu fangen.

Es gelingt mir auch, aber so einfach ist es nicht gewesen, die Viecher sind ganz schön schnell und hauen immer wieder ab. Ich muss Sie auch lebendig fangen, damit sich mein Frauchen freut und stolz auf mich ist. Endlich, ich habe es geschafft, nun muss ich durch die

Katzenklappe mit dem grünen Ding in der Schnauze, auch dass gelingt mir. Stolz lege ich meinem Frauchen das Tier auf das Sofa und erwarte ein Lob. Aber nichts, nur ein schriller Schrei und ein Frauchen das im Zimmer herum hüpft und „Hau ab du grünes Monster!" schreit. Ich verstehe die Welt nicht mehr, wie geht Sie denn mit meinem Geschenk um?

Das ist jetzt schon das dritte Mal, dass Sie meine Geschenke nicht annimmt und schreit. Bei der schönen Drossel, die ich ihr gebracht habe hat Sie sich auch so angestellt, schlimmer noch,

Sie hat die Drossel in den Garten gesetzt und mich in die Küche gesperrt.

Von der Maus will ich gar nicht mehr reden, da ist sie auf den Tisch gesprungen und hat geschrieen wie am Spieß, dabei war es eine kleine Maus, die nur leise gepiepst hat.

Menschen sind doch komische Wesen, verstehen nichts, wissen nicht, dass wir solche Geschenke aus Liebe zu ihnen machen.

Spinnen soll ich fressen, wenn sie über den Teppich laufen oder ekelhafte Käfer, dass mag ich nicht, ich bin doch ein stolzer Kater, ich fresse doch nicht solche ekelhaften Tiere. Und Geschenke bringe ich jetzt nicht mehr nach Hause, es wird ja doch immer nur geschrieen, dass tut doch meinen Ohren weh. Auf den Teppich darf ich auch nicht kotzen, da fängt Sie auch an zu meckern, ich bin doch echt ein armer Kater. Ohne Menschen wäre die Welt aber auch nicht schön, wenn sie uns streicheln dann sind sie ja ganz okay und ihr Futter ist auch nicht zu verachten.

KAPITEL 20

DAS KATZENBUCHSTUDIUM

Seit mein Frauchen eine Brille hat, ist Sie richtig klug geworden. Sie hat schon wieder Bücher bestellt, leider ist für mich nicht ein einziges Leckerli versteckt, bei Bücher Paketen gibt es keine Leckerlis.

Okay, ich will ja, dass mein Frauchen glücklich ist und so scheint es zu sein, seit Sie ihre Nase in die Bücher steckt. Ich höre Sie lachen, anscheinend sind die Bücher lustig. Oft telefoniert Sie mit ihrer Freundin, die hat auch eine Katze, aber sie ist so ein scheues Mädchen, hockt meistens in ihrer Katzenhöhle und kommt selten raus.

Jetzt habe ich entdeckt, dass es meistens Katzenbücher sind, anscheinend wird darin beschrieben warum wir so sind, wie wir sind. Und natürlich werden wir genauestens beobachtet, dass gefällt mir gar nicht.

Neulich hab ich ganz gemütlich in meinem Transportkorb gelegen und geschlafen, da hörte ich, wie Frauchen mit ihrer Freundin leise flüsterte. Es ging um mich und Sie machte sich Sorgen, weil ich ab und zu in der Transportkiste schlafe. Hatte Angst, dass es mir bei ihr nicht mehr gefalle. So ein Blödsinn, ich schlafe gerne da, weil hier immer die besten Leckerlis im Schälchen sind und weil ich die kleine grüne Decke so kuschelig finde.

Auch über meinen Schlafplatz auf dem Schrank wurde getuschelt. Meine Erklärung war eine ganz einfache, von hier oben sehe ich alles besser und wenn Besuch kommt, dann kann ich ihn besser beobachten, ohne, dass er mich sieht.

Okay, Menschen wollen einfach immer für alles eine Erklärung, dass brauchen wir Katzen nicht. Wir sind glücklich, wenn wir unser Futter und einen warmen Schlafplatz haben und gestreichelt werden. Dazu brauchen wir keine Bücher, aber wenn es unsere Menschen glücklich macht, dann soll es uns Katzen recht sein.

KAPITEL 21

JETZT IST ES RAUS!

Heute bin ich mit meinem Frauchen zum Briefkasten gelaufen, weil Sie wichtige Post erwartet und da ich mich so herrlich gefühlt habe, rollte ich mich auf der Straße herum. Frauchen schaute ganz irritiert, aber dass störte mich nicht.

Eine Weile blieb mein Frauchen stehen, dann schüttelte Sie den Kopf und forderte mich auf mit ins Haus zu gehen. Das wollte ich aber nicht, denn ich sah Sie kommen, Sie meine Gespielin und wie hübsch Sie wieder aussah, wie sie ging, nein, Sie schritt, ich war hin und weg.

Ihr braun schwarzes Fell glänzte in der Sonne und ihre wunderschönen grünen Augen strahlten mich an. Ich sprang auf und begrüßte Sie mit einem zarten Nasenstüber, ach wie liebte ich Sie, meine Schönste. Dann schlenderten wir zusammen die Straße entlang und bogen um die nächste Ecke.

Ich hörte noch wie mein Frauchen irgendetwas von "dickes altes Ding" murmelte, aber ich sah das ganz anders.

Für mich war meine Gespielin die allerschönste und mir war egal, was andere über Sie sagten. Wir tollten den ganzen Nachmittag herum und ich kam erst gegen Morgen nach Hause.

Was findest du denn an ihr, du bist doch ein wunderschöner junger Kater, hörte ich mein Frauchen sagen.

Ich tat so, als hätte ich das nicht gehört, ging zu meiner Futterschüssel und fraß alles auf, dann legte ich mich in mein Körbchen und schlief. Natürlich träumte ich von meiner Liebsten.

KAPITEL 22

ICH HABE MANCHES MAL KEINEN HUNGER

Es ist immer wieder das Gleiche mit meinem Frauchen, Sie macht meine Schüssel einfach viel zu voll und genau dass mögen Katzen nicht. Ich will wenig Futter und ich will es frisch, so einfach ist dass.

Wenn ich viel Futter in meinem Napf habe, dann ist mein Appetit nicht so groß. Ist wenig drin, schmeckt es mir viel besser.

Wir Katzen sind anders als ihr Menschen, wann versteht ihr das endlich?

Beobachtet uns und ihr werdet verstehen, wie wir „ticken".

Wir lieben ein sauberes Schüsselchen und Nass- und Trockenfutter. Wenn ihr bemerkt, dass wir das Nassfutter nicht fressen dann hebt es nicht tagelang auf, wir mögen es frisch. Gebt uns einfach ein paar Tage lang nur das Trockenfutter. und wenn wir einige Tage überhaupt nichts fressen, dann geratet nicht gleich in Panik.

Wir Katzen wissen genau was wir tun und ich der Kater Samy bin ein besonders schlauer Kater.

Mit dem Wasser ist dass auch so eine Sache, okay, frisches Wasser sollte schon immer für uns bereit stehn aber wenn ich ehrlich bin, trinke ich lieber das Regenwasser was ich im Garten finde.

Nur eines mögen wir immer, kleine Kaustäbchen und extra Leckerlis, die könnt ihr uns immer geben.

KAPITEL 23

ICH BEIßE DOCH AUS LIEBE

Gerade habe ich, der Kater Samy, ganz lieb im Schaukelstuhl von meinem Frauchen gesessen und mich so richtig wohl gefühlt. Ich wurde von ihr auch zart gestreichelt und bekam ein Leckerli. Dann habe ich Sie gezwickt, ganz lieb und sie hat gleich "Auaaa" geschrieen und mich damit total erschreckt.

Menschen sind manches Mal so richtig unsensibel, haben wenig Verständnis für uns Tiere, begreifen es einfach nicht. Erschrecken uns mit ihrer Menschenart, dabei sind wir doch nur lieb und zeigen es auf unsere eigene Weise. So wie ich, der Kater Samy, ich wollte ihr zeigen, dass ich Sie mag und deswegen habe ich Sie ganz zärtlich gezwickt, aber sie empfand es als "Biss" und hat gleich ihr "Auaaa" geplärrt. Manches Mal sagt sie auch "Nein" und dass gleich mehrere Male hintereinander, dazu zeigt sie noch mit dem Finger auf mich, was ich überhaupt nicht leiden kann.

Heute habe ich mich so über sie geärgert, dass ich es noch einmal versucht habe und wieder kam dieses garstige "Nein". Ich habe mich dann einfach umgedreht und bin aus dem Fenster gesprungen, mein Futter habe ich auch nicht gefressen. Wenn sie mich heute ruft, dann komme ich gar nicht erst, Strafe muss sein, sonst begreifen unsere Menschen gar nicht, was Sache ist. Das wollte ich nur einmal gesagt haben.

KAPITEL 24

KNURREN KANN ICH AUCH

Mein Frauchen sitzt bei schönem Wetter im Garten und da bin ich natürlich auch dabei.
Sie bemerkte nicht, dass es hinter dem Birkenbaum leise raschelte, aber ich hörte es und spitzte meine Ohren. Dann fing ich an zu knurren. Das verwirrte sie total.
Kater, was ist los, warum knurrst du wie ein Hund, sagte sie.

Ich legte die Ohren eng an meinen Kopf und knurrte noch lauter und meine Augen riss ich noch größer auf, damit ich besser sehen kann.

Ich begann so laut zu knurren wie ich konnte, denn ich sah den schwarzen Kater hinter der Birke und so wollte ich ihn fern halten.

Dieser freche Kater kam immer wieder, obwohl ich ihn schon ein paar Mal verscheucht hatte.

Jetzt sah ihn mein Frauchen auch und nahm den Besen um ihn ebenfalls zu vertreiben. Das half aber nichts, erst als Sie den Wasserhahn aufdrehte und ihn nass spritzen wollte, lief er weg.

Hinterher war Sie ganz stolz auf mich, weil ich den Kater zuerst entdeck hatte. Sie meinte ich wäre ein „Kluges Kerlchen" und dass sie richtig stolz auf mich sei.

Das tat mir so richtig gut und ich schnurrte den ganzen Tag, da freute Sie sich auch und ich bekam jede Menge Streicheleinheiten.

KAPITEL 25

ICH BIN DER KLÜGSTE

Alle acht Wochen treffen sich so schrille Frauen bei uns, um über uns Katzen zu reden.

Ich verziehe mich dann immer auf meinen Lieblingsschrank im Wohnzimmer um zu hören, worüber die Damen sprechen.

Schon von Weitem kann man sie hören und riechen. Früher hatten sie ihre „Lieblinge" mitgebracht, aber dass mag Frauchen nicht mehr und ich konnte es auch nicht leiden, wenn die-

se fremden Katzen überall herum schnupperten und mein Futter klauten.
Am schlimmsten waren die vielen verschiedenen Düfte der Damen. Wir Katzen mögen so was gar nicht, weil wir davon meistens niesen müssen.

Dann ging es los mit dem Geplapper. Alle wollten die klügste Katze haben. Erzählten, was ihre Katze oder ihr Kater für Kunststücke gelernt hatte.
Und dann kam mein Frauchen an die Reihe, Sie sagte: „Mein Kater ist der klügste Kater von allen, jawohl dachte ich.

Es wurde mucksmäuschenstill und alle schauten auf mein Frauchen.

Ja, sagte Sie, mein Kater versteht mich, er weiß genau, was ich von ihm will.

Man kann sagen, er ist ein gut erzogener und kluger Kater. Stolz schaute Sie in die Runde und ich saß oben auf meinem Schrank und freute mich riesig.

„Samy komm und zeige dich den Damen", rief Sie. und ich sprang von meinem Schrank und lief durch das Zimmer, dann ging ich durch die Katzenklappe hinaus.

Mein Frauchen war stolz wie „Bolle"
und die Damen sprachlos.

Ich verschlug mich in die Büsche, weil
ich zuviel gefressen hatte und grub ein
Loch für mein Bedürfnis.

KAPITEL 26

ICH BIN EIN KLEINER SAUBERMANN

Heute bin ich so richtig glücklich, mein Frauchen hat mich auf den Arm genommen und so richtig lange gestreichelt, dass gefiel mir gut.
Katzen wollen immer gestreichelt werden, sie brauchen es einfach, so erkennen sie, dass sie geliebt werden.

Manches Mal hat mein Frauchen mich aufgefordert, mich nicht immer zu putzen. Aber seitdem Sie in ihrem schlauen Katzenbuch gelesen hat, warum wir

Katzen uns immer putzen, da hat Sie es begriffen. Wir Katzen sind sehr reinliche Tiere und wollen immer gepflegt sein, deswegen putzen wir uns auch so gerne.

Wenn wir Freigänger sind, so wie ich einer bin, dann müssen wir aufpassen, denn wir wollen ja keine ekligen Zecken und andere Schädlinge mit nach Hause bringen.

Oft verstehen unsere Menschen nicht, warum wir uns, nachdem wir von ihnen gestreichelt wurden, schon wieder putzen. Dabei ist das ganz einfach, wir lieben ihren Geruch und deswegen fangen wir wieder an uns zu putzen, dass verstehen manche Menschen einfach nicht.

Mein Frauchen hat sich damit auch schwer getan, aber da ist ja noch mein kleines Frauchen, mein Lieblingsfrauchen, meine Anna, die hat es dem Frauchen erklärt und seitdem darf ich mich immer so lange und oft putzen wie ich will. Jetzt nennt sie mich zärtlich „mein kleiner Saubermann" und ich freue mich, dass ich so genannt werde, wir Katzen lieben es, wenn wir gelobt werden und wenn wir unsere ganz persönlichen Freiheiten haben.

Bei der Gelegenheit fällt mir noch eine Geschichte ein, die ich unbedingt erzählen muss.

KAPITEL 27

EKELHAFTE SPINNENTIERE

Mein Frauchen hat so einen kleinen Kamm für mich und eine Bürste, beides kann ich gar nicht leiden. Ich brauche dass doch nicht, ich bin doch selber ein reinliches Tier.

Aber Sie gibt nicht auf, jeden Tag striegelt Sie mich, als ob ich ein Pferd wäre. Die Bürste und der Kamm ziepen und zerren an meinem Fell.

Dabei murmelt Sie immer etwas von ekelhaften Viechern, dann holt Sie einen kleinen Haken und dreht die Zecken heraus.

Jetzt werden sie untersucht, der Kopf muss dran sein, sagt sie immer, dass ist ganz wichtig.

Sie lässt mich nicht los, bevor Sie alle Zecken entfernt hat, denn Sie will, dass ich gesund bleibe und nicht krank werde, durch die bösen Zecken.

Wenn ich weg will und keine Lust mehr auf dieses blöde Häckchenspiel habe, dann wird Sie richtig sauer auf mich, fängt an zu schimpfen und hält mich so fest, dass ich zu knurren anfangen muss.

Diese Knurrerei kann Sie überhaupt nicht leiden und sagt, ich sei ein undankbarer Kater, Sie wolle doch nur mein Bestes und ich füge mich in mein Schicksal.

Die Prozedur ist noch nicht zu Ende, jetzt kommt eine Tinktur auf mein Fell, so alle 10 cm, dass soll mich vor den Zecken schützen.

Das blöde daran ist, dieses scheußliche Zeug wird auf meinen Rücken aufgetragen und da kann ich es nicht abschlecken. Noch gemeiner ist, dass ich dann einen Tag nicht raus darf, sonst „wirkt" dieses Stinkezeug wohl nicht.

KAPITEL 28

SO VIEL ARZNEI

Ich war so froh, dass ich das „Stinkezeug" los war, denn ich bin ja ein schlauer Kater und war durch die Hintertür abgehauen. Zum Glück regnete es und ich war tropfnass und roch wieder nach Kater.

Aber mein Frauchen war so sauer, Sie holte mich rein, trocknete mich ab und ließ mich in ihrem Schaukelstuhl schlafen, dass tut Sie selten.

Als ich fast eingeschlafen war, tropfte Sie mir schon wieder so ein dämliches Zeug ins Fell, aber damit nicht genug, plötzlich hatte Sie ein kleines Fläschchen in der Hand, was noch schlimmer als die Tropfen stank.

Dieses Zeug bekam ich ins Genick gerieben und einmassiert, „grrrrr" war das schrecklich.

So, sagte Sie, jetzt mag dich keine Zecke mehr und dieses Mal, da bleibst du zwei Tage zu Hause.

Ich versuchte alles um nach draußen zu kommen, aber Sie passte auf mich auf, diesmal konnte ich nicht entkommen.

Endlich waren die zwei Tage vorbei und ich durfte wieder raus.

Zur Strafe kam ich deswegen drei Tage nicht heim.

Ich hörte zwar wie Sie nach mir rief, aber ich blieb hart und zeigte mich erst am späten Abend.

KAPITEL 29

ICH HABE EINE PATENTANTE

Ich bin ein ganz besonderer Kater, denn ich habe eine Patentante, was sehr selten ist.

Meine Patentante war vorher mein Frauchen, leider nur für wenige Wochen, aber es ergab sich einfach so.

Mir ging es richtig gut bei ihr und ich konnte in den Garten gehen und mit den anderen Katzen spielen.

Blöd war nur, dass die Beiden schon älter waren als ich und mir immer das Futter weg fraßen, dass gefiel mir nicht.

Deswegen ärgerte ich sie auch und sprang immer auf ihre Rücken. Das mochten sie nicht und sie knurrten mich an.

Außerdem war ich der Liebling von meinem Frauchen, Sie nannte mich immer "Mein Prinz" und kuschelte viel mit mir, dass gefiel den beiden anderen Katzen nicht.

Schweren Herzens brachte mich mein Frauchen zu einer neuen Familie. Da bin ich jetzt immer noch und ich bin sehr glücklich hier.

Nach ein paar Wochen rief mein altes Frauchen bei dem neuen Frauchen an und fragte, ob Sie mich besuchen könne.

Natürlich sagte mein neues Frauchen ja und so wurde mein altes Frauchen meine Patentante.

Das gefällt mir total, immer wenn Sie kommt, werde ich mit besonderen Leckerlis verwöhnt, geherzt und geküsst. So ein schönes Leben hat nicht jeder Kater, aber ich bin ja auch ein ganz besonderer Kater, vielleicht sogar ein verwunschener Prinz.

KAPITEL 30

HILFE ICH BIN EINGESPERRT

Katzen sind neugierige Wesen und Kater sind total neugierig. Ich bin viel draußen und in der näheren Nachbarschaft kenne ich einige Häuser.
Natürlich erweitere ich meinen Kreis immer mehr, es macht einfach Spaß alles zu erkunden. Hier gibt es viele Bauernhöfe mit großen Scheunen und kleinen Nebengebäuden. Man kann herrlich spielen, sich verstecken und natürlich Mäuse fangen.

Vor lauter herum tollen habe ich die Zeit vergessen und ich wollte mich gerade auf den Heimweg machen, als es plötzlich dunkel wurde.

Ich sah mich um und stellte fest, dass ich in einem kleinen Häuschen war, ich konnte nicht heraus, weil die Türe zugesperrt worden ist.

Ich sprang auf die Klinke, aber nichts rührte sich, versuchte durch das Fenster zu kommen, vergeblich.

Es blieb mir nichts anderes übrig als abzuwarten bis jemand kommt und mich befreit.

Endlich nach vier langen Tagen wurde die Türe geöffnet und ich sauste wie der Blitz nach draußen, wollte nur noch nach Hause.

Dort wurde ich schon sehnlichst erwartet. Mein Frauchen weinte vor Freude. Sie drückte und küsste mich, ich fühlte mich wunderbar. Ich hatte nur einen Gedanken, Hunger, fressen, schlafen. Das machte ich dann auch und die nächsten Tage ging ich nur in unseren Garten, ich hatte eine Weile genug vom Erkunden der Nachbarschaft.

KAPITEL 31

SCHON WIEDER TINKTUREN

Langsam wollte ich von Tropfen und Tinkturen nichts mehr wissen, aber es kam anders als ich es wollte.
Seit einigen Tagen juckt mein Popo und ich kratze und schlecke, aber es hilft alles nichts.

Dann dachte ich, es wäre eine gute Idee über den Boden zu rutschen, damit die Juckerei aufhört. Leider ohne Erfolg, ich hinterließ nur blutige Schleifspuren, die sah mein Frauchen und schleppte mich sofort zum Tierarzt.

Das gefiel mir nicht, er schaute mir wieder in meinen Popo und ich schämte mich. Zum Glück war mein kleines Frauchen, meine Anna, dabei.

Sie tröstete mich und gab mir die Tabletten, die wir in der Apotheke geholt hatten. Dann behandelte Sie meinen Popo mit einer Salbe und nach wenigen Tagen hörte das Jucken auf.

Nur vor den vielen Würmern die aus meinem Popo kamen, ekelte ich mich, aber meine Anna sagte, das wäre okay und mein Bauchweh sei jetzt vorbei.

Es ist schon gut, dass es einen Tierarzt gibt, meint Anna und ich gebe ihr

Recht, jetzt fühle ich mich so richtig gut und gesund.

Zum Tierarzt sind wir deswegen gegangen, weil es verschiedene Wurmarten gibt, den Unterschied kann nur der Tierarzt feststellen.

KAPITEL 32

ICH LIEBE WASSERPFÜTZEN

Unsere Menschen sind oft nicht unserer Meinung, dabei haben sie keine Ahnung, warum wir diese Meinung vertreten. Wenn wir einmal über unseren Wasserbedarf nachdenken, da verstehen sie uns gar nicht. Sie sind der Ansicht, Katzen müssen viel trinken, aber so ist es nicht - Katzen trinken dass, was sie benötigen, aber nicht mehr.

Das Trinkwasserschälchen sollte nicht neben der Futterschüssel stehen, sondern in einem anderen Raum. Besser wäre es noch gleich zwei Schälchen anzubieten. Frisches Wasser mögen wir Katzen nicht. Ich liebe altes abgestandenes Wasser oder Regenwasser in einem Blumenuntertopf.

Am allerliebsten trinke ich aus dem Zierbrunnen von Frauchen, dass macht mir echt Spaß. Wenn mein Frauchen geduscht hat dann springe ich in die Dusche und trinke dort das Wasser.

Ich liebe es auch direkt vom Wasserhahn zu trinken, am besten wenn er nicht ganz zugedreht ist.

Aber am allerliebsten sind mir die Regenpfützen, die ziehe ich allen anderen vor.

Milch habe ich auch schon bekommen, sogar richtige Katzemilch, die bekommt mir gar nicht, die macht mir immer Bauchweh.

Meine kleine Freundin muss immer Wasser aus einer kleinen Puppenbabyflasche trinken, dass kann Sie überhaupt nicht leiden. Immer wenn ihr Frauchen mit der kleinen Flasche kommt, läuft Sie weg. Es ist ekelhaft, weil ihr das Frauchen die Flasche immer zwischen die Zähne schiebt, damit Sie trinkt, die Arme.

KAPITEL 33

ICH BIN EIN SCHMUSE-BÄRCHEN

Im Oktober ist mein Frauchen immer sehr traurig und weint viel.
Das liegt daran, dass mein Herrchen im Oktober Geburtstag hatte. Natürlich bin ich dann ganz lieb zu ihr, ich streiche um ihre Beine, springe auf den Schaukelstuhl und schnurre ganz viel und sehr laut. Ich laufe ihr hinterher um immer in ihrer Nähe zu sein. Nachts schlafe ich neben ihrem Kopfkissen, damit ich mit ihr kuscheln kann.

Sie freut sich sehr darüber und nennt mich immer ihren kleinen Schmusebär, oder ihr Schmusebärchen.

Sie drückt mich an sich und streichelt mich ganz doll. Das gefällt mir sehr, nur wenn Sie immer so viel weint, dass ich von den Tränen ganz nass werde gefällt mir dass gar nicht, Katzen mögen es nicht nass.

Aber ich bleibe ganz ruhig und wenn Sie dann endlich eingeschlafen ist, dann schlecke ich mich trocken.

Es tut mir gut, wenn ich Sie trösten kann und ihr hilft es auch, so haben wir beide etwas davon.

Niemand kann so schön trösten wie mein kleines Schmusebärchen, sagte sie am Telefon zu ihrer Freundin, dass machte mich richtig stolz.

KAPITEL 34

ICH MAG KEIN KATZENGRAS

Irgendein Mensch hat gesagt, dass Katzen ihr eigenes Gras fressen sollen.
Es nennt sich Katzengras und ist giftgrün und es schmeckt nach nichts.
Meine Anna hat es mitgebracht und versucht mich damit zu füttern aber obwohl Sie sich solche Mühe gab und mir einzelne Grashalme klein geschnitten hatte, fraß ich es nur widerwillig.
Leider gab meine Anna nicht so schnell auf, Sie brachte mir ein anderes Katzengras mit.

Das ist viel weicher und hellgrün, sagte Sie, probier doch bitte.

Okay, dachte ich, dann probier ich es noch einmal, damit Sie mit mir zufrieden ist. Aber dieses Katzengras schmeckte genauso ekelhaft wie das vorherige und ich kotzte es auf den Teppich. Jetzt würde Sie sicherlich begreifen, dass ich kein Katzengras wollte. Mir schmeckte das Gras im Garten viel besser, es roch auch noch gut und ich konnte soviel fressen wie ich wollte und wann ich wollte. Außerdem kotze ich lieber in den Garten, da stört es Niemanden.

Noch lieber mag ich die Grünlilie die auf der Fensterbank steht, sie hat einen ganz besonderen Geschmack und die Spitzen sind richtig zart. Frauchen mag es gar nicht, wenn ich davon nasche aber ich mach es immer nur, wenn Sie nicht zusieht.

Da sieht man wieder einmal wie klug wir Katzen sind, wir wissen genau, was uns gut tut.

KAPITEL 35

HEUTE KOMMT RUSTY

Mein kleines Frauchen, meine Anna, kommt zu uns. Ich freue mich sehr, Sie liebt mich, streichelt mich und Sie spricht sehr viel mit mir.

Heute kommt Sie nicht alleine, Sie bringt den Rusty mit, einen kleinen süßen Jack Russell, er war mal Cesarno´s Hund, aber Anna kümmert sich viel um ihn und Rusty hat sich unsterblich in Sie verliebt. Cesarino ist auch immer sehr lieb zu mir, ich mag ihn sehr gerne.

Rusty will immer mit mir spielen, aber ich bin mir nicht sicher, ob ich mit ihm spielen will. Deswegen ist der Rusty in einem Zimmer und ich in einem anderen Zimmer.

Manches Mal unterhalten wir uns, der Rusty und ich, er bellt und ich fauche, dass macht mein Frauchen und die Anna ganz nervös. Sofort rennen sie los und sehen nach, ob alle in Ordnung sind.
Toll finde ich, wenn uns Anna abwechselnd herum trägt und mit uns schmust.

Irgendwann lassen wir sie zusammen spielen, sagen Anna und mein Frauchen, aber nicht heute.

Ob das wirklich passiert und wie es dann sein wird, ob wir uns vertragen oder nicht, dass kann ich euch ehrlich nicht sagen. Ich weiß es einfach nicht. Rusty wedelt immer mit dem Schwanz wenn er mich sieht, das tue ich auch, aber bei mir hat es eine andere Bedeutung, ob der Rusty das weiß?

Irgendwann werden wir beide uns kennenlernen und bis dahin ist es für mich okay wenn wir uns von Weitem sehn.